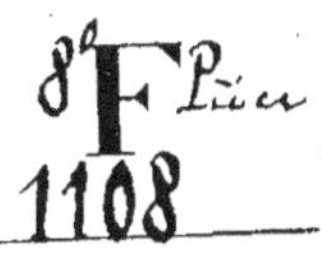

AF343738

HISTORIQUE

DÉS

DIVERSES LÉGISLATIONS

RELATIVES A

L'IMPOT DES SPIRITUEUX

OBSERVATIONS

AU PROJET MINISTÉRIEL PROPOSANT D'EXHAUSSER LA TAXE
A 215 FRANCS, ET DE SOUMETTRE LES BOUILLEURS
DE CRU AU RÉGIME DES VISITES ET EXERCICES, ETC.

Par A. POIROT

NEUFCHATEAU

IMPRIMERIE TYPOGRAPHIE ET LITHOGRAPHIE DE KIENNÉ

1886

HISTORIQUE

DES

DIVERSES LÉGISLATIONS

RELATIVES A

L'IMPOT DES SPIRITUEUX

OBSERVATIONS

AU PROJET MINISTÉRIEL PROPOSANT D'EXHAUSSER LA TAXE
A 215 FRANCS, ET DE SOUMETTRE LES BOUILLEURS
DE CRU AU RÉGIME DES VISITES ET EXERCICES, ETC.

Par A. POIROT

NEUFCHATEAU

IMPRIMERIE TYPOGRAPHIE ET LITHOGRAPHIE DE KIENNÉ

1886

10 Mai 1886.

Avant la prochaine discussion à la Chambre des députés, du projet de loi tendant à exhausser la taxe sur l'alcool déjà si chargé et à soumettre la distillation à de rigoureuses restrictions et obligations empruntées aux régimes prussien et anglais, nous avons pensé, dans nos loisirs, qu'il convenait de faire connaître aux intéressés les diverses législations sur la matière, depuis près d'un siècle.

On ne connaît guère l'époque précise où l'art de la distillerie prit naissance. Vers le milieu du XVIIe siècle, il avait pris un certain essor. Les distillateurs formaient déjà, paraît-il, une corporation composée en majeure partie de protestants, gens très habiles et entreprenants, ce qui prouve que la consommation des eaux-de-vie était alors un progrès.

Soit que celles-ci laissassent beaucoup à désirer en qualité, soit préjugé, soit enfin parce qu'elles étaient fabriquées par des hérétiques mis à l'index, les médecins de l'époque — gens de cour et de sacristie, probablement — jetèrent l'alarme et en interdirent l'usage à leurs clients. Le dragonnien gouvernement du « *grand roi* », appuyant sur la chanterelle, fit la guerre à l'industrie nouvelle, en frappant ses produits d'une taxe d'entrée excessive, équivalant à la prohibition ; de même que cinq ans plus tard, par la brutale et impolitique révocation de l'Édit de Nantes, on faisait impitoyablement la guerre à des Français, aux croyants de l'Église réformée, lesquels, se voyant traités comme des androphages ou des bêtes fauves, s'en allèrent se réfugier chez nos bons amis les Allemands, pour devenir ensuite nos plus redoutables antagonistes politiques ou nos concurrents dans tous les genres d'industrie. Le nombre de ces infortunés s'éleva à près de un million.

Et l'on ose vanter la monarchie !

Baissons la toile sur ce tableau.

De 1680 au 13 floréal an XI, dans une période de 123 ans, nous ne voyons plus trace d'impôt quelconque sur l'eau-de-vie. En cette dernière année, nous trouvons établissement d'une taxe sur les vins et eaux-de-vie dans le port de Cette, pendant cinq ans. — Loi du 9 mai 1803.

A partir de 1804, tout change : l'action fiscale sur les boissons s'exerce dans la France entière ; elle va, sans aucune transition, jusqu'à pénétrer dans les caves du propriétaire récoltant et procéder à l'inventaire de ses vins auxquels elle applique un droit d'inventaire, comme cela a lieu en Prusse. Le glouton budget réclamait des écus.

De par la loi du 5 ventôse an XII — 25 février 1804 — on mit d'abord, à la fabrication des eaux-de-vie, un droit de 40 centimes par hectolitre de macération et en même temps un autre de licence fixé à 10 francs annuellement.

Ce mode de constatation impliquait l'exercice par ces *maudits gabeloux !* passifs instruments des législateurs, que l'on a souvent pris à partie. Cependant, nous ne remarquons pas qu'il fût bien rigoureux. Lorsqu'on veut créer des impôts, on ne doit jamais commencer par faire crier la poule aux œufs d'or ; on a raison : la poule aux œufs d'or, c'est le contribuable.

Ce fut la loi précitée qui, pour la première fois, établit l'administration de la *Régie des droits réunis,* ainsi appelée parce que la perception des droits sur les objets de consommation était réunie entre ses mains.

Sous Philippe de Valois, c'était la *gabelle,* mot saxon signifiant *tribut* ou impôt sur le sel dont la couronne avait le monopole.

Or, comme depuis 1804, ce monopole a été confié à la Régie des droits réunis, la malignité populaire nomma *gabeloux* les agents de cette administration, de même qu'elle appela d'un nom aussi peu courtois les agents des forêts.

La loi du 24 avril 1806 inaugura un système moins digestif à l'égard des spiritueux. Ainsi, elle créa un droit *ad valorem* de 5 p. 0/0 à leur vente et à leur revente en gros ; de sorte que la même quantité, en changeant d'acheteur pouvait subir quatre ou cinq fois l'application de la taxe. Chose non moins difficile à digérer, c'est que le fisc avait la faculté de retenir la marchandise, en cas de contestation sur sa valeur réelle.

Ensuite, il était perçu à la vente en détail de ce liquide une taxe de 10 p. 0/0 de sa valeur.

Donc, exercice encore chez les marchands en gros et chez les détaillants.

En 1808, le gouvernement, mieux inspiré, supprima l'inventaire, puis le droit de vente et de revente en gros. Toutefois, comme il lui fallait ce qu'on appelle *le nerf de la guerre*, on imagina, au profit du Trésor, une taxe d'entrée dans les villes et l'on substitua au droit de vente et de revente en gros, un droit de mouvement ou circulation, de 1 fr. 20 cent. par hectolitre d'eau-de-vie et esprits en cercles ; puis de 5 fr. sur les esprits et liqueurs en bouteilles.

Ce droit de mouvement était dû par le marchand en gros, le détaillant et le simple particulier ou consommateur.

Indépendamment de cela, la vente en détail de ces liquides était frappée d'une perception de 15 centimes par franc de la valeur effective, soit 15 p. 0/0.

La taxe de 40 centimes par hectolitre de macération, établie en l'an XII fut remplacée par celle de 20 francs par mois, par hectolitre de la contenance des chaudières chez les distillateurs ou bouilleurs. Elle était calculée d'après le nombre de jours de travail. Le produit de la fabrication était pris en charge sur des registres portatifs, sous une déduction de 10 p. 0/0 pour ouillage, coulage et consommation de famille.

Ces industriels étaient responsables des quantités d'eau-de-vie non représentées et dont ils ne justifiaient pas avoir acquitté le droit de mouvement.

Dans leurs travaux, sujets à la déclaration préalable, ils n'étaient guère gênés que par l'apposition des scellés aux foyers des alambics, à la fin de la fabrication.

La perception d'entrée dans les villes fut graduée suivant l'importance de la population. Elle se cumulait avec les droits de circulation et de détail.

Le simple particulier, qui s'approvisionnait en gros était affranchi du droit de détail de 15 p. 0/0. Mais le travailleur, celui qui, faute d'un salaire suffisant ou d'économies, s'alimentait au cabaret, avait à supporter la double, la triple charge. Il payait donc plus que le riche ou le particulier aisé.

Un décret du 12 octobre 1842 mit fin à cette inégalité de charges, en imposant les particuliers à la taxe *ad valorem* de 15 p. 0/0 sur les eaux-de-vie qu'ils faisaient venir à domicile.

Cette mesure eut son entier effet dans les villes rédimées munies de barrières ; dans les campagnes, non, attendu que les achats d'eau-de-vie en gros chez les négociants ou distillateurs, par les particuliers ou consommateurs, sont rares.

Un nouveau décret du 5 janvier 1843 vint accroître toutes les taxes, parce qu'il fallait de l'argent. Toujours de l'argent !

Celle de circulation fut élevée à 2 francs, sur les eaux-de-vie au-dessous de 22 degrés de Cartier ; à 4 francs sur celles de 22 degrés et au-dessus ; enfin à 8 francs sur les eaux-de-vie en bouteilles et liqueurs, le tout par hectolitre ;

La taxe à la vente en détail fut alors de 16 2/3 p. 0/0. Celle d'entrée eut à supporter un tarif plus élevé que par le passé, et l'on en frappa les petits centres de 1,000 âmes et au-dessus.

Il paraît qu'à cette époque de 1814, les impôts sur les boissons et les douceurs de l'exercice avaient occasionné du vacarme ; mais il fut réprimé d'importance, car en janvier 1815, une ordonnance de Sa Majesté le Roi de France accorda « *amnistie aux individus, détenus ou condamnés pour avoir pris part, dans le courant de 1814, aux désordres qui ont eu pour objet de provoquer l'abolition des droit réunis.* »

Par cet acte de clémence, le Bourbon savait bien ce qu'il faisait.

Aujourd'hui que nous sommes sous le meilleur gouvernement des cinq parties du monde : la République démocratique, on gracie parcimonieusement ; mais on n'amnistie pas, même lorsqu'il s'agit de simples contraventions, ou de fantastiques délits auxquels la sagace et inexorable Thémis a appliqué, à tours de bras, sa tendre correction, sans doute qu'elle fut trompée par une abbération de lumière, comme en matière d'optique. Hélas ! tout le monde se trompe ; on l'a vu plus d'une fois.

L'indélébile *casier-judiciaire*, cette conception infernale et surannée ne vous quitte pas d'une semelle..., que quand la Parque Atropos, armée de son sécateur vient couper le fil de vos jours, après avoir, parfois, commencé son opération par vos correcteurs.

Baissons la toile !

Le 27 avril 1814, par décret de S. A. R. Monsieur, lieutenant général du royaume, le décime de guerre précédemment établi sur les perceptions fut supprimé. Ce bon Monsieur le rétablit plus tard.

D'autres améliorations eurent lieu, grâce à une politique hypocrite. C'est ainsi que l'on accorda, à l'arrivée des boissons, une déduction pour coulage de route ; qu'on donna aux villes, sujettes à l'entrée, la faculté de se rédimer de l'exercice par le paiement à l'introduction d'une taxe additiónnelle au droit d'entrée, laquelle devait être calculée de manière à former l'équivalent du droit de détail. Le commerce de gros devait jouir du crédit, c'est-à-dire de la faveur de l'entrepôt pour ses approvisionnements.

Dans les autres lieux soumis à l'exercice, le droit à la vente en détail, au lieu de reposer sur la déclaration du prix de vente, devait être réglé par département, d'après la valeur moyenne de chaque espèce de boisson, conformément à un tarif spécial. Ce tarif fait défaut. Des abonnements individuels pouvaient être contractés par les débitants.

La loi du 8 décembre 1814 fut plus généreuse encore. Aucune taxe ne devait être perçue sur les boissons ou eaux-de-vie au-dessous de 28 degrés à leur enlèvement de chez le récoltant, quels que fussent le lieu de destination et la qualité du destinataire, faveur énorme, sentant d'une lieue la flatterie, ayant dû entraîner une foule d'abus au détriment du Trésor !

Même exemption à l'égard des distillateurs, marchands en gros et détaillants, pour les transports effectués de leurs caves dans d'autres locaux à eux appartenant situés dans l'étendue du même département.

Un droit de circulation devait être perçu sur les eaux-de-vie de 28 degrés et au-dessus, ainsi que sur les esprits et liqueurs suivant un tarif particulier. Ce document, nous ne le trouvons pas.

La taxe d'entrée ne pouvait plus être appliquée que quant aux villes et bourgs de 2,000 âmes et au-dessus.

Chez les débitants, le droit à la vente en détail, de 16 2/3 p. 0/0 fut ramené à 15 p. 0/0.

Pour la première fois, il est fait mention du principe d'un impôt fixe et général de consommation égal à celui de 15 p. 0/0 sur les spiritueux adressés à des personnes non assujetties aux exercices. Par contre, le transport en franchise leur était permis quand elles voulaient simplement déplacer leurs spiritueux de leur domicile à un autre domicile occupé par elles.

Aujourd'hui, cette dernière concession nous est marchandée, quelle que soit l'espèce de boisson, même lorsqu'il s'agit d'un simple changement de domicile. Il faut se mettre à genoux pour l'obtenir, quand on l'obtient! ce qui est très difficile, surtout si l'on n'a pas conservé les expéditions justifiant l'acquittement antérieur des taxes.

A son retour de l'Ile d'Elbe, le colosse, Bonaparte, était descendu de son piédestal. Dans la situation désespérée où il se trouvait, il tenta de ressaisir le sceptre, ce fidèle casse-tête toujours prêt à assommer celui qui bronche; il ne pouvait plus le suspendre au-dessus des crânes, prêt à frapper : Autre temps, autres mœurs.

Comme il fallait, avant tout, chercher à ramener le naïf peuple, dans ses filets, il fit assaut de libéralisme avec Monsieur, son compétiteur remorqué par les baïonnettes de la coalition étrangère. Il eut dû commencer par là, au début de la dictature, s'il avait eu la moindre dose de prévoyance. Il était aveuglé par ses victoires. A la fin, le libéralisme fut un hors-d'œuvre après dîner.

Bref, le 8 avril 1815, il décrétait la suppression de l'exercice à domicile, ainsi que les droits de circulation sur les boissons de consommation générale sur les spiritueux, plus la taxe d'entrée dans les lieux dont la population était au-dessous de 4,000 âmes ; cependant celle-ci fut maintenue dans les agglomérations de 4,000 âmes et au-dessus.

En même temps, les droits à la vente en détail et à la fabrication des bières étaient remplacés par une répartition entre les débitants et les brasseurs. Le montant des impôts constatés en 1812, dans chaque département, sous déduction des frais de Régie devait servir de base à cette répartition.

A cet effet, le directeur de chaque département devait remettre au préfet l'état, divisé par communes, des droits constatés dans chacune d'elles, pendant l'exercice de 1842.

Le maire de chaque commune, muni d'un exemplaire dudit état certifié, réunissait les brasseurs et les débitants ou leurs syndics, et eux tous entendus procédaient à la répartition, proportionnellement à l'importance du commerce de chacun.

L'état de répartition, arrêté par le maire, était exécutoire.

Un collecteur, préposé par la Régie, dans chaque canton était chargé des recouvrements et autorisé à délivrer des contraintes aux retardataires ou récalcitrants.

La licence était en outre exigible.

Le sus-dit décret n'eut qu'un effet transitoire.

Après les cent jours, le nouveau Sire, imposé par la Sainte-Alliance, au comble de la toute puissance répudia les bonnes dispositions — trop bonnes pour qu'elles ne fussent pas hypocrites — qu'il avait montrées précédemment lorsqu'il n'était que *Monsieur*. Ces félons ne changent pas; dès qu'ils veulent se poser sur le trône vermoulu, ils nous amorcent par des mesures imbibées de leur faux miel. Dès qu'ils se trouvent solidement assis, la tonne de miel est bientôt remplacée par celle de vinaigre, le temps de tourner le robinet; aussi, voyons-nous sans surprise le rétablissement de l'exercice avec ses tracasseries, ses entraves et toutes les perceptions antérieures avec le décime par franc. C'est la loi du 28 avril 1816 qui édicte ce brusque revirement. Toutefois, on doit reconnaître qu'elle admit le débitant à l'abonnement, à la condition de payer l'équivalent du droit de détail. Les villes furent admises à contracter un abonnement général.

La loi du 25 mars 1817 introduisit quelques modifications. Elle établit un nouveau tarif du droit de circulation sur les boissons : on payait 3 fr. 60 par hectolitre d'eau-de-vie en cercles, au-dessous de 22 degrés ; 5 francs sur celle de 22 degrés jusqu'à 28 exclusivement ; 6 fr. 40 sur celle de 28 degrés et au-dessus ; enfin, 12 francs sur les eaux-de-vie et esprits en bouteilles et liqueurs.

Les assujettis aux exercices se trouvèrent délivrés de la taxe de circulation sur leurs approvisionnements avec acquits-à-caution.

L'énorme immunité dont jouissait le propriétaire récoltant, en vertu de la loi du 3 décembre 1814, fut en partie retirée. Il ne fut plus exempt de l'impôt que quant aux vins et eaux-de-vie qu'il transportait d'une cave à l'autre à lui appartenant, dans l'étendue du même département ou du département limitrophe du lieu de sa récolte.

La loi du 24 juin 1824 vint changer l'assiette de l'impôt sur les spiritueux. Il fut réglé en raison de l'alcool pur que ce liquide contenait, à l'exception, toutefois, des eaux-de-vie et esprits en bouteilles considérées et imposées comme alcool pur. Ce fut à l'aide de l'alcoomètre de Gay-Lussac, et du thermomètre, que l'opération se pratiquait alors.

Le droit général de consommation, en remplacement de ceux de circulation et de 15 p. 0/0 de la valeur, devint fixe et sa quotité fut de 50 francs par hectolitre d'alcool pur, dans tout le royaume.

La taxe d'entrée, dans les communes de 1,500 à 50,000 âmes et au-dessus fut fixée de 3 à 25 francs, graduellement, sans préjudice de la perception de l'impôt de 50 fr. précité et de la taxe d'octroi au profit des municipalités, conformément à la loi du 27 frimaire an VIII.

Ces trop fréquents changements sans adoucissements marquants, ces augmentations presque constantes dans la quotité des taxes finirent par aigrir les contribuables et les consommateurs. Des murmures, des plaintes éclatèrent. Ce fut pour la Restauration un surcroît de préoccupations et de difficultés.

Après la Révolution de 1830, il parut une loi, celle du 17 octobre 1830, qui facilita la perception de l'impôt sur les boissons, en substituant à l'exercice, l'abonnement en faveur des débitants qui en feraient la demande. Ce n'était pas là une nouveauté.

Dans les lieux où les perceptions étaient interrompues, le gouvernement nouveau faisait appliquer d'office et pour tous les droits non perçus, l'abonnement général autorisé par l'art. 73 de la loi du 28 avril 1816.

La loi du 21 avril 1832 admit les détaillants à s'affranchir de l'exercice sur les spiritueux, en acquittant, comme le simple particulier, le droit à l'arrivée.

Les conseils municipaux des communes sujettes, dans les pays vignobles furent autorisés à remplacer par une taxe unique, l'ensemble de toutes les taxes : entrée, circulation, détail et licence sur les vins et cidres ; entrée et consommation sur les alcools.

Nous venons d'omettre la loi du 12 décembre 1830, par laquelle le droit à la vente en détail fut abaissé à 10 p. 0/0. Ce fut là un adoucissement sensible. Elle confirmait en outre l'autorisation à l'abonnement individuel ou collectif et supprimait le droit d'entrée sur les boissons, dans les villes au-dessous de 4,000 âmes. Elle alla plus loin ; elle réduisit la quotité de la taxe de consommation sur l'alcool et la fixa à 34 francs par hectolitre.

Ces notables améliorations furent-elles spontanées? Il y y a lieu d'en douter, parce que les murmures et les plaintes de la viticulture et des contribuables ne cessèrent pas ; mais le sentiment qui animait les uns et les autres n'était que platonique.

En 1837, étaient seuls considérés comme bouilleurs de cru, les propriétaires ou fermiers distillant exclusivement les vins, cidres, poirés, lies et marcs provenant de leur récolte, et, à ce titre ils étaient exonérés du paiement de la licence, ainsi que des obligations imposées par le chapitre 6 de la loi du 28 avril 1816. Ces obligations étaient de faire, par écrit, avant la mise de feu au foyer des alambics, toutes les déclarations nécessaires, afin que les employés pussent surveiller la fabrication, en constater les résultats et les prendre en charge à leurs portatifs.

De par la loi du 10 août 1839, on ajouta à la nomenclature des matières à distiller librement, les cerises et prunes provenant de la récolte des propriétaires.

Aujourd'hui, il existe une foule de petits propriétaires qui, ayant eu la rare chance de récolter dans leurs modestes vergers, quelques prunes ou cerises, sont heureux de les avoir, pour les convertir en eau-de-vie. Ils n'en vendent pas une goutte. Dans ces conditions, serait-il juste et politique de les soumettre à des obligations fiscales ? Nous ne le pensons pas.

Aux termes de cette même loi, les bouilleurs de cru, ne vendant pas leurs produits de fabrication ou ne les déplaçant pas par la voie publique, n'étaient pas atteints par la législation générale de l'impôt. Le privilège ne s'étendait pas aux bouilleurs de cru des villes sujettes aux droits d'entrée et d'octroi.

Lorsqu'éclata la révolution de 1848, il semblait que le régime des boissons allait recevoir de profondes réformes. En effet, par décret du 31 mars 1848 du gouvernement provisoire, l'exercice dans les débits de boissons fut supprimé et remplacé par une taxe unique de consommation faisant disparaître les droits de circulation et de détail sur les boissons. Nous nous souvenons que cette taxe unique était fixée à 2 fr. 50 cent. par hectolitre et au paiement de laquelle, chacun était astreint : riche et pauvre, assujettis et simple particulier, ce qui souleva une masse de réclamations, incontestablement fort légitimes. Les débitants, eux, n'avaient point à s'en plaindre ; ils étaient libres et avaient moins à verser au fisc. La satisfaction qu'ils éprouvèrent fut de courte durée ; car un second décret du 22 juin suivant rétablit l'exercice ainsi que les perceptions supprimés précédemment, néanmoins, en laissant aux débitants, la faculté de s'abonner individuellement ou collectivement et de se rédimer. Dans la langue administrative de la Régie, *se rédimer* signifie : se délivrer de l'exercice sur les spiritueux, en acquittant la taxe à l'arrivée à domicile. L'abonnement n'est relatif qu'aux vins et cidres.

Ce dernier mode de contribution avait pour base, en 1848, les produits effectifs de 1847 atténués de un dixième — produits individuels afférents à chaque établissement. A l'égard des débitants nouveaux, on traitait de gré à gré.

En 1852, dans les villes où, sur la demande des conseils municipaux et par application des lois du 21 avril 1832 et du 24 juin 1841, la liberté de la vente en détail, sans visites des agents du fisc était réclamée et obtenue ; les droits d'entrée et de détail sur les vins et cidres étaient convertis en une taxe unique payable à l'introduction.

Ce système de l'abonnement local généralement adopté dans les centres urbains est, sans contredit, le plus supportable et le plus commode de tous. Là, aucune plainte ne s'élève contre la forme de l'impôt unique. On l'acquitte aux barrières où à l'introduction à domicile et tout est dit.

En 1849, on avait tenté de faire disparaître l'impôt sur les boissons, la loi du 19 mai de la même année avait prononcé son arrêt de mort; mais la législature de décembre suivant en maintint la perception, sous la réserve d'une enquête sur les modifications pouvant être introduites.

L'enquête eut lieu, — quelque peu pour la forme, tant le parti était pris de n'apporter aucune réforme sérieuse. Terminée en 1851, le rapporteur, M. Bocher, représentant du peuple, après avoir exposé que l'industrie vinicole était prospère ; que la production et la consommation, loin d'avoir été comprimées et restreintes sous l'empire de la loi du jour, s'étaient au contraire développées; que leur accroissement avait suivi le mouvement général du travail et du bien-être dans le pays, et dépassé de beaucoup le progrès de la population. — Comme on dorait la pilule ! M. Bocher conclut à quelques légères modifications qui furent adoptées par le Corps législatif.

Quelques mois plus tard, l'autorité fermait les débits où l'on s'occupait des questions politiques du moment.

La loi du 14 juillet 1855 suréleva le droit général de

consommation, en le fixant à 50 francs en principal, par hectolitre d'alcool pur contenu dans les eaux-de-vie et esprits en cercles, et par hectolitre d'eau-de-vie et esprits en bouteilles et liqueurs.

En 1860, il fut encore surélevé. Son taux fut de 75 francs, décimes non compris. Total, 90 francs.

De plus fort en plus fort, comme au théâtre Nicolet.

Comme si ce n'était pas assez de 90 francs, la loi du 1er septembre 1871 en exhaussa le chiffre à 125 francs, en principal. En tout, 156 fr. 25 cent ; soit, 78 cent. 1/2 par litre d'eau-de-vie en cercles, valant actuellement, dans le commerce, 60 centimes, prix d'achat par le détaillant et le simple particulier, tandis que les grands Cognacs, les kirsch, les eaux-de-vie fines d'Armagnac des grands seigneurs ne sont pas plus imposés. Même chose en ce qui est des vins à la circulation.

Il faut bien que ces Messieurs, ayant perdu leurs privilèges dans la grande liquidation de 1789 se rattrapent sur le divin nectar avec lequel on peut se soûler à peu de frais d'impôt.

Etrange fait... de prélever 78 cent. 1/2 sur le portemonnaie à peu près à sec du consommateur pauvre, et pas davantage sur la bourse du riche !

Passons à la loi du 2 août 1872.

Selon ses termes, tout détenteur d'alambics est tenu de les déclarer à la Régie, ainsi que leur capacité.

Les bouilleurs et distillateurs mettant en œuvre des vins, cidres, lies, marcs, cerises et prunes provenant exclusivement de leur récolte demeurent exempts du paîment de la licence et de l'impôt général de consommation sur les eaux-de-vie fabriquées dans l'année, jusqu'à concurrence de 40 litres d'alcool par an ; le surplus est passible ou pris en charge. Les dispositions législatives à l'égard des distillateurs de profession sont rendues applicables aux bouilleurs de cru.

La loi du 21 mars 1874, votée par les mêmes Chambres

qu'en 1872, croyons-nous, n'accorde plus qu'une allocation de 20 litres d'alcool.

On doit attribuer cette évolution à l'éloquence parlementaire. Celle-ci opère parfois des miracles plus palpables que ceux de Lourdes, qui ne le sont pas.

Cette nouvelle jurisprudence sur les bouilleurs de cru, quand elle fut appliquée pour la première fois, ne fit pas beaucoup plaisir aux grands et petits viticulteurs ; aussi, engendra-t-elle des contestations, voire même des conflits entre ces derniers et les agents d'exécution dont quelques-uns l'interprétèrent dans un sens outré, par excès de zèle.

> Faut du zèle, pas trop n'en faut ;
> L'excès en tout est un défaut.

Telles sont les diverses législations qui, depuis 1804, se sont succédé sur les boissons, entre autres sur les spiritueux. Nous nous sommes moins attaché à la question des vins, laquelle nous aurait entraîné trop loin. Dans cet ordre d'idées nous avons laissé de côté les lois et dispositions n'offrant qu'un intérêt secondaire.

On a vu que l'impôt, spécial à l'alcool a subi bien des transformations, des remaniements et que sa quotité a suivi une marche ascensionnelle depuis 1830. Le chiffre en est actuellement très élevé, trop élevé. Qui en a pâti et en pâtit le plus ? L'agriculture et l'industrie, l'ouvrier des champs et celui des usines. Jusqu'à présent, personne en quelque sorte n'a cherché à améliorer leur sort, sauf les Comices agricoles et le ministère Ferry à qui l'on jetait systématiquement la pierre, à propos de la guerre du Tonkin commencée par un autre que lui. Ce ministère parut vouloir entrer résolument dans la voie des améliorations importantes, lorsqu'il fut contraint de démissionner.

Depuis, qu'a-t-on fait? Rien. Si, on a donné de l'eau bénite de cour ; on a promis : les promesses ne coûtant pas un denier. Celles-ci se sont traduites par des projets de champs d'expériences et par quelques primes d'encouragement en faveur des Comices pour les cultivateurs. Palliatifs ! ressemblant assez à quelques gouttes de pluie en temps de grande sécheresse.

On parle beaucoup de l'agriculture proprement dite. On ne parle pas de la viticulture, de ses désastres passés, présents et futurs, de sa ruine, en un mot. On l'abandonne à sa navrante destinée.

En présence de cette inaction ou de cette indifférence, c'était à l'initiative des intéressés à donner un bon coup d'épaule, *Hercule veut qu'on se remue*, en organisant des conférences, des réunions et un vaste pétitionnement, les uns réclamant des allègements de charges sur les boissons, d'autres, sollicitant en faveur du fermier ayant un nombreux personnel à nourrir, l'autorisation de distiller quelques betteraves pour lui et ses ouvriers ; l'eau-de-vie de betteraves, si mauvaise qu'elle puisse être, étant une ressource précieuse à l'agriculture continuellement préoccupée du soin de diminuer ses énormes frais de culture. Après la distillation, c'est la pulpe, présent du ciel pour les bestiaux !

En ce moment, les conférences, les réunions et le pétitionnement ne sont plus de saison ; on prêcherait dans le désert de l'Arabie, attendu que, loin d'alléger les charges sur les objets de consommation, on propose de les accroître, le budget étant en déficit, grâce à l'inepte déclaration de guerre de 1870, dont les conséquences pèseront longtemps sur les contribuables, à moins qu'on ne nous rende tout de suite nos cinq milliards, l'Alsace et la Lorraine.

Arrivons au projet de loi du ministre.

Avant de passer aux articles, une observation : sans méconnaître la haute compétence et les capacités hors ligne de l'honorable M. Sadi-Carnot, si distingué et si dévoué à la République, les hommes pratiques et réfléchis voudraient dans l'intérêt national et de la bonne administration des affaires de l'État qu'on ne changeât pas de ministre des finances aussi souvent que de chemise, attendu que chaque titulaire a son système qu'il croit être le meilleur et cherche toujours à le faire prévaloir en le soutenant mordicus devant les Chambres. Le système de Pierre est-il préférable à celui de Paul ? On ne le sait guère que par la suite. Celui de M. Sadi-Carnot a le privilège d'attirer l'attention et d'être généralement approuvé dans plusieurs de ses parties, pas les parties relatives à la surtaxe de l'alcool, ni aux bouilleurs de cru !

Cela dit, citons les dispositions les plus saillantes de l'œuvre en question.

ART. 1ᵉʳ. « — L'exercice des débits de boissons est supprimé. »

Les débitants sont en liesse, bien que jusqu'à présent ils avaient la faculté de contracter des abonnements individuels ou collectifs, et de se rédimer sur les spiritueux, en acquittant l'impôt à l'arrivée à leur établissement. Ils n'auront plus peur. Ils seront quittes de se livrer au fatiguant exercice de se relever la nuit pour déjouer les calculs de la jauge fiscale venant se permettre de s'introduire dans les vaisseaux en perce du débit, afin de constater les dixièmes manquants, et les peu miraculeuses infiltrations opérées depuis la dernière visite.

Nous allions dire : Que ces assujettis prennent garde, de trop se réjouir ! la liberté se paye !

Oui, la liberté se paye ; mais, en calculant bien, ils n'en verseront pas des ruisseaux de larmes ; ils en prendront leur parti. Ils continueront à verser à boire, seulement, les anglaises de vin seront réduites à leur plus simple expression, les petits-verres d'eau-de-vie ne seront plus que des dés à coudre. Les prix ne seront pas augmentés ; le volume sera diminué.

Une question. — Qu'est-ce que l'exercice? — L'exercice, c'est le droit de visites, la prise en charge et de fréquentes opérations matérielles sur place ou à domicile.

Or, du moment où l'on veut assujettir le bouilleur de cru à ces servitudes, on s'aperçoit que le mal n'est que déplacé. Bien pis, il ne sera pas admis à se délivrer de l'exercice par la voie de l'abonnement, ou de la licence, comme en Suisse, canton de Lucerne où les distillateurs ne paient que la patente, sans être soumis à aucune visite. — Autant que possible, il ne faut jamais délier l'un et lier l'autre.

ABRÉGÉ DU TARIF SANS LES CIDRES

Vins, par hectolitre :

POPULATION AGGLOMÉRÉE	1re CLASSE.		2e CLASSE.		3e CLASSE.	
	DROIT GÉNÉRAL de consommation.	ENTRÉE	DROIT GÉNÉRAL de consommation.	ENTRÉE.	DROIT GÉNÉRAL de consommation.	ENTRÉE.
de 4,000	fr. c. partout { 1.»» / 1.»» }	fr. c. ».40 à 3.50	fr. c. partout { 1.50 / 1.50 }	fr. c. ».55 à 4.50	fr. c. partout { 2.»» / 2.»» }	fr. c. ».75 à 4.50
à 50,001 âmes et au-dessus.						
Campagnes.	1.»»		1.50		2.»»	

Alcool, par hectolitre :

Droit d'entrée, gradué sur la population ci-dessus : 7 fr. 50 à 30 francs.

Droit général de consommation : partout 215 francs.

Continuons nos citations :

Art. 2. « — Les droits de détail et de circulation sur les
« vins, cidres, poirés et hydromels sont remplacés par un
« droit général de consommation.

Art. 3. « — Le droit de consommation et le droit d'entrée
« sur les vins, cidres, poirés et hydromels et sur les eaux-
« de-vie, esprits, liqueurs et fruits à l'eau-de-vie et absin-
« thes, sont fixés conformément au tarif ci-après, en
« principal et décimes : ».

Observations sur le tarif ci-dessus : D'abord, il semble que les vins sont taxés, non d'après leur valeur, mais par classe de départements et par zone, comme précédemment, en ce qui concernait le droit de circulation. A cet égard, le projet est muet.

Le *droit général de consommation* sur les vins sera établi et perçu à l'enlèvement, sans distinction de qualités ; de telle sorte que les grands ou moyens crus de Bordeaux, Médoc, Bourgogne, les Champagnes et autres ne seront pas plus imposés que les vins ordinaires coûtant 30 centimes le litre : « les premiers sont les derniers ! » Pourquoi ne pas l'établir d'après la valeur ou la qualité ? En Prusse, c'est la qualité qui sert de base à l'impôt sur les vins à leur enlèvement des caves du propriétaire récoltant ; elle est déterminée par la nature et la situation des terrains où les vignes sont plantées Ces terrains sont divisés en six classes et chaque année, après la récolte, le propriétaire de vignes est tenu de faire, en double expédition, la déclaration écrite de la quantité qu'il a récoltée par qualité. Ajoutons qu'il est soumis à l'inventaire de ses produits. Nous trouvons ces détails dans le rapport de M. Bocher dont il est fait mention plus haut.

En adoptant le mode de perception *ad valorem*, on obtiendrait, assurément, une plus-value de recette sur le chapitre des vins.

Est-ce à dire que ce mode occasionnerait, dans la pratique, de vifs débats et une foule de contestations ? Soit admettons-le. En tous cas, les difficultés ne surgiraient qu'à l'égard des qualités supérieures que la fraude chercherait à faire passer pour des qualités ordinaires ; la question de qualité serait, dans l'hypothèse, vite tranchée par des experts compétents et indépendants ; d'ailleurs, la loi est la loi : riche et pauvre doit s'y soumettre ; admettons, disons-nous, que la taxe *ad valorem* soulèverait des difficultés. Croit-on que le système prusso-anglais que l'on se propose d'appliquer aux bouilleurs de cru — c'est exactement l'hybride système prussien et anglais comme il est sommairement indiqué plus loin — ne va pas amener des difficultés bien autrement sérieuses ? Nous souhaitons le contraire.

En ce qui est de la taxe fixe de 215 francs sur l'alcool pur, c'est trop. Elle n'est pas équitable, parce qu'elle n'est pas proportionnelle ; parce qu'elle traite la *goutte* du travailleur, sur le même pied que les luxueuses eaux-de-vie des gros revenus et des gros traitements. Il y a là une éloquente anomalie et une injustice.

En adoptant encore sur le chapitre des spiritueux, le mode de perception d'après la valeur, le plus rationnel et le plus équitable de tous, l'anomalie disparaîtrait. Il en résulterait certainement un excédant de recette qui, avec la plus-value obtenue sur le chapitre des vins, permettrait de ne point maltraiter les eaux-de-vie communes.

Telles sont nos observations à l'art. 3.

Art. 4. — « Avant la mise en vigueur des nouveaux tarifs, « un inventaire sera effectué chez tous les débitants de boissons. »

Selon le texte de cet article, les débitants exercés ou abonnés pour les vins et ceux qui ne sont pas rédimés pour les spiritueux acquitteront le droit général de consommation sur les vins et spiritueux existant en cave ou à leur compte.

Dans les villes à taxe unique, les mêmes assujettis, quoique rédimés seront tenus d'acquitter un complément de taxe de 58 fr. 85 cent. sur les alcools et liqueurs qu'ils auront en leur possession.

Nous avons lu et relu attentivement l'art. 4 tout entier, il n'y est pas question des débitants rédimés des communes rurales, ou urbaines placés en dehors du régime de la taxe unique, ni de leur faire payer le supplément de taxe ci-dessous ; c'est probablement un oubli. Laissons dormir le chat.

L'article 5 fixe le prix de la licence des débitants de boissons, à 30 francs par an dans les communes au-dessous de

4,000 âmes, et à 40 francs jusqu'à 100 francs dans les villes ou bourgs de 4,000 âmes et au-dessus.

Art. 8. « — Les manquants reconnus imposables chez
» les marchands en gros , bouilleurs et destillateurs de
» profession sont passibles de la taxe générale de consom-
» mation et, s'il y a lieu, des taxes locales d'entrée et
» d'octroi.

Art. 14. « — Tout détenteur d'appareils propres à la
» distillation des eaux-de-vie ou d'esprits est tenu de faire,
» au bureau de la Régie, une déclaration énonçant le
» nombre et la capacité de ces appareils.

» Tout fabriquant ou marchand d'appareils propres à la
» distillation d'eau-de-vie ou d'esprits est tenu d'inscrire,
» à un registre spécial dont la représentation pourra être
» exigée par les employés des contributions indirectes, le
» nom et la demeure des personnes auxquelles il aura
» vendu des alambics.

» Il devra de plus, dans les quinze jours de la vente,
» faire connaître au bureau de la Régie, le nom et le do-
» micile des acheteurs. »

Il est à appréhender que cette dernière disposition, qui est excessive et d'une épatante nouveauté ne soulève de bruyants murmures dans le monde commercial et industriel, si elle était votée par les Chambres. Nous présumons qu'elle sera rejetée à une forte majorité.

Art. 15. « — Pendant les périodes de chômage, les ap-
» pareils appartenant à des détenteurs autres que les
» bouilleurs et distillateurs de profession soumis à des
» règlements spéciaux, sont mis hors d'usage par l'une des
» deux mesures suivantes :

» Ou les ustensiles sont mis sous scellés, sur lieu et
» place, par les employés de la Régie, qui dressent procès-
» verbal de cette opération ;

» Ou bien une partie de l'appareil est remise, soit à
» la mairie, soit au bureau de la Régie, soit dans tout autre
» local agréé par l'administration.

» Les détenteurs désignés ci-dessus, qui veulent faire
» emploi de leurs appareils, doivent, vingt-quatre heures au
» moins à l'avance dans les villes et soixante-douze heures
» dans les campagnes, en faire la déclaration à la recette
» buraliste.

» Cette déclaration énonce la date à laquelle l'appareil
» sera mis en marche, ainsi que l'espèce et la quantité des
» matières qui seront employées.

» Lorsque le travail est terminé, la déclaration en est
» également faite à la recette buraliste, et les employés
» procèdent de nouveau à la mise hors d'usage des appareils.

» La brûlerie et le bâtiment où elle se trouve seront
» ouverts et accessibles aux employés des contributions
» indirectes pendant toute la période de la fabrication.

» La quantité d'alcool fabriquée est calculée à raison du
» nombre de jours de travail, de la capacité et de la force
» productive des appareils, de la nature et de la quantité
» des matières mises en œuvre. A cet effet, les directeurs
» des contributions indirectes sont autorisés à convenir, de
» gré à gré avec les bouilleurs, sauf recours à l'expertise
» devant un tiers nommé par le juge de paix, d'une base
» d'évaluation pour la conversion de ces matières en eaux-
» de-vie et esprits.

» Le produit de la fabrication est pris en compte et de-
» vient passible des droits, sous déduction des quantités
» ultérieurement vendues en vertu d'expéditions régulières
» et défalcation faite de 25 litres d'alcool pur, par an,
» pour déchets et consommation de famille.

» Le compte est réglé à la fin de chaque année et les
» manquants nets reconnus lors du récolement effectué à
» cette époque sont soumis à la taxe générale de consomma-
» tion de 245 francs par hectolitre d'alcool pur, décimes
» compris.

» Les restes sont également soumis aux droits ou repor-
» tés à compte nouveau.

» Lors de la première déclaration, les producteurs font

» connaître les quantités d'alcool existant chez eux. Ces
» quantités, après inventaire sont prises en charge à leur
» compte. »

Conformément à l'article 16, les dispositions de l'article 15, quant aux déclarations à faire, à la quantité fabriquée, à la tenue et au règlement du compte et aux quantités existantes sont applicables au propriétaire ou fermier qui voudra se servir d'un alambic de louage ou d'emprunt.

Observations aux articles 15 et 16. — Les mesures proposées contre les bouilleurs de crû, en particulier, après tant d'années de liberté, lorsque la viticulture crie misère, sont-elles bien politiques et opportunes? Nous ne le pensons pas, malgré les raisons que l'on pourrait tirer des nécessités budgétaires.

Sans doute, nous n'avons aucune autorité à formuler un pareil jugement, nous sommes si petit! un simple et ignorant atome. Tout téméraire qu'il paraisse, nous croyons que tel est le sentiment général des contribuables, des consommateurs surtout.

Nous l'avons dit, le système de M. Sadi-Carnot n'est ni plus, ni moins que le système prusso-anglais.

Ainsi, en Prusse, le chapiteau de l'alambic reste à la mairie pendant l'interruption de la distillation.

En Angleterre, les distilleries sont assujetties à de fréquentes visites, à des obligations et à des restrictions rigoureuses. Il est enjoint aux patrons de placer aux chapitaux, pompes, conduits de charge, robinets de décharge et portes de foyers, des serrures dont les employés du fisc détiennent les clefs. Sans les clefs, c'est le chômage absolu, forcé.

Par l'obligation du dépôt à la mairie, de la pièce principale de l'alambic, les maisons communes des gros vignobles vont ressembler quelque peu à des musées, dont les maires seront les gardiens responsables, ce qui augmentera considérablement l'attrait de ces magistrats. Quant à la déduction de 25 litres d'alcool ou 50 litres d'eau-de-vie à 50 degrés centésimaux (de Gay-Lussac), alloué aux bouilleurs de crû, elle est manifestement insuffisante. Ainsi, en thèse générale, dans le vignoble, un homme seul ne consomme guère moins de 50 litres d'eau-de-vie de marcs, dans une année ; à plus forte raison une famille plus ou moins nombreuse, occupant toute l'année de 3 à 10 ouvriers qui, à la vigne, qui, à la fenaison ou à la moisson, qui, au champ de pommes de terre. Amusez-vous donc à donner à ces gaillards-là, du vin quand on en a peu ou point et qu'il est cher !

Le matin, avant le départ pour les travaux, c'est la *goutte* ; la *goutte* à déjeuner, après dîner, après souper ; la *goutte* toute la journée, après l'eau ! Ce n'est pas fini : Quand un mendiant vient dire sa prière à votre porte, on lui en verse une larme ! l'eau-de-vie soutient.

Alors, le bouilleur de crû ou propriétaire récoltant, ayant lestement épuisé sa déduction, dans quelle situation se trouvera-t-il ? Et l'année suivante, si la vendange est négative ou mauvaise, ainsi que cela est arrivé pendant une série d'années ? L'eau-de-vie, il faudra l'acheter ou s'en priver. S'en priver n'est pas aisé, lorsqu'on s'échine à rouler son rocher, sans jamais s'arrêter, souvent *pour le roi de Prusse !*

Quelque confiance que l'on ait dans la patiente résignation du bouilleur de crû, on doit craindre en lui de nombreuses protestations, et qui sait ? peut-être prendra-t-il le parti de ne distiller ses marcs que jusqu'à concurrence de son allocation ou de convertir le tout en piquette, laquelle vaudra cent fois mieux que ce diabolique vin artificiel propre à vous expédier beaucoup plus tôt dans le Royaume de Pluton, vin que des commerçants peu scrupuleux, confectionnent au moyen de raisins secs et de substances dangereuses, sans que l'emploi de celles-ci soit surveillé. Ce prétendu vin leur revient à 10 centimes et est livré à 25 ou

30 centimes aux clients, quand il n'est pas employé à des coupages.

C'est contre cette falsification et ce trafic interlope qui compromettent, et la santé des consommateurs et la bonne réputation des vins français, que le gouvernement devrait réserver ses rigueurs et ses entraves.

Terminons par les articles 17 et 18.

ART. 17. « — Pendant la suspension des travaux chez
» les distillateurs et les bouilleurs de profession dont les
» opérations sont intermittentes, le service des contribu-
» tions indirectes est autorisé à apposer sur les portes des
» foyers ou sur les conduits de vapeurs, des scellés qui ne
» peuvent être levés qu'à l'heure fixée par la déclaration de
» fabrication pour la remise en marche dé ces apppa-
» reils. »

Soit que le travail reprenne pendant la nuit ou à la der- nière heure du jour, les agents d'exécution sont encore autorisés à pénétrer une heure auparavant, dans l'atelier de fabrication, afin de s'assurer si les scellés sont intacts.

On se croirait sur les bords de la Tamise !

Le rédacteur du projet n'est certainement pas M. le Mi- nistre des finances, mais un chef de bureau de l'Administra- tion centrale des contributions indirectes, chargé, par ses attributions, de l'élaboration des projets de lois ressortis- sant de la compétence de cette administration.

Une œuvre aussi grave, aussi considérable méritait, avant d'être lancée, un long examen auquel on aurait pu adjoindre des hommes versés en la matière et ayant instru- menté, non sur un pupitre, mais chez les assujettis et dans les vignobles. Dépourvue, paraît-il, de ces conditions, elle est exposée à des critiques de tous les partis, sinon à des assauts et à essuyer des retouches notables, à part la sup- pression de l'exercice qui sera accueilli partout avec enthou- siasme.

ART. 18. « — Les contraventions aux articles 14, 15,
» 16 et 17 de la présente loi sont punies des peines édic-

» tées par l'article 1ᵉʳ de la loi du 28 avril 1872, indépen-
» damment de la confiscation des appareils et des boissons
» saisies et du remboursement des droits fraudés. »

Par les dispositions qui précèdent, on trouve que la pers-
pective n'est nullement réjouissante pour les bouilleurs de
cru ou récoltants. Ils auront probablement du mal à l'ava-
ler. On aurait pu les laisser tranquilles.

Si l'on a la conviction que la contrebande sur les eaux-
de-vie est pratiquée sur une grande échelle, que l'on re-
double de vigilance et d'activité en établissant des postes
de surveillance où besoin est ; mais que l'on ne vienne pas
toucher aux privilèges séculaires d'une corporation aussi
nombreuse, aussi dévouée à la République que celle des
bouilleurs de cru, dans la crainte de se l'aliéner. Dans la
même appréhension, et mu par le sentiment de l'équité,
n'aggravons pas non plus la situation des travailleurs, en
leur faisant supporter la majeure partie des conséquences
d'une surélévation de taxe sur ce qu'ils considèrent en quelque sorte comme un objet de première nécessité. Combien
de fois n'avons-nous pas vu de pauvres diables, dînant et
soupant avec une *goutte* de deux sous et un morceau de
pain !

Tâchons donc de trouver, sur d'autres objets, les ressour-
ces nécessaires à la balance du budget. On nous en saura
gré ; de même que les débitants de boissons sauront gré
de leur affranchissement de l'intolérable exercice.

Bulgnéville, le 8 mai 1886.

A. POIROT.

www.ingramcontent.com/pod-product-compliance
Lightning Source LLC
LaVergne TN
LVHW010504060726
842527LV00005B/1861